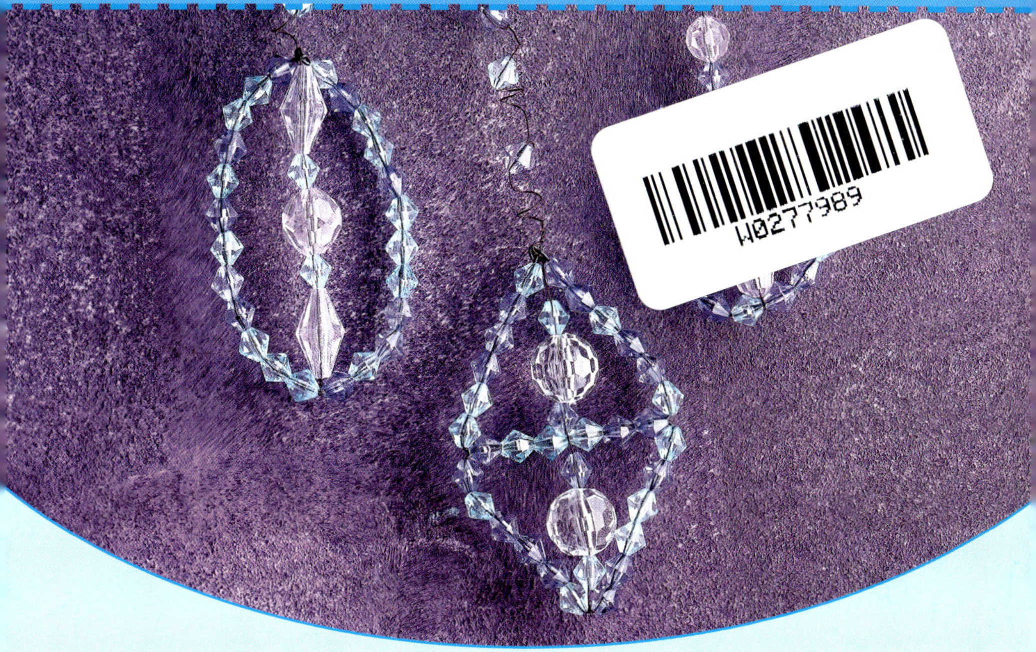

Glänzender Raumschmuck

Suchen Sie eine ausgefallene Dekoration für Ihr Zuhause? Da habe ich genau das Richtige für Sie. Aus gebogenem Aludraht, mit Glas- oder hochwertigen Acrylperlen verziert, entstehen geschwungene Windlichter, romantische Vasenhänger und wirkungsvolle Ornamente, die sich auf dem Tisch, an Wand und Fenster gut machen. Und diese edlen Accessoires sind ganz einfach zu arbeiten: Sie benötigen nur eine Rundzange und etwas Fingerspitzengefühl. Übrigens: Der glänzende Raumschmuck kommt auch als Geschenk gut an.

Viel Vergnügen beim Nacharbeiten!

Die Motive lassen sich in folgende Schwierigkeitsgrade unterteilen:

● ○ ○ einfach   ● ● ○ etwas schwieriger   ● ● ● anspruchsvoll

MATERIAL

- Aludraht in verschiedenen Farben, ø 1 mm, 2 mm und 3 mm
- Silber- und Golddraht, ø 0,3 mm und 0,4 mm
- Lackdraht in Rot, ø 0,5 mm
- geglühter Blumendraht, ø 0,35 mm und 0,65 mm
- geglühter Stieldraht, ø 1,2 mm
- Windlichter aus Glas
- Glasspitzvasen
- Acrylherzen, -kegel und -scheiben
- Plastikblüten
- Acryl- und Plastikperlen
- Glasschliffperlen
- Glasoliven und -perlen
- Rocailles, ø 2,6 mm und 4 mm
- Sternanhänger

WERKZEUG

Das folgende Werkzeug sollten Sie zur Hand haben. Es wird für fast jedes Modell benötigt.

- Maßband
- Seitenschneider
- Rundzange
- Twister für Schmuckdraht, ø 2 mm
- Rundholzstäbchen o. Ä., ø 5 mm und 8 mm

Hinweis: Die benötigte Drahtlänge finden Sie im Text und/oder auf dem Vorlagenbogen.

So wird's gemacht

Welchen Draht?

Für die meisten Motive wird 2 mm starker **Aludraht** verwendet. Er kann leicht mit den Fingern geformt und zurechtgebogen werden. Nur für sehr enge Bögen und Ösen wird eine Rundzange verwendet. Der wesentlich härtere **Stieldraht** ist nur etwa halb so stark wie der Aludraht. Er lässt sich durch die meisten Perlen stecken, ist aber schwerer zu gleichmäßig runden Spiralen zu formen.
Mit den dünneren **Gold**-, **Silber**-, **Blumen**- und **Lackdrähten** werden Motive bzw. Motivteile auf- oder angehängt oder umwickelt.

Ösen biegen

Das Ende des Drahtes mit der Rundzange fassen und die Öse biegen. Der Durchmesser der Öse hängt davon ab, ob der Draht mit der Spitze (kleinerer Durchmesser) oder weiter hinten mit der Zange (größerer Durchmesser) gefasst wird.

Flache Drahtspiralen

Das Drahtende mit der Rundzange fassen und einen kleinen Halbkreis formen. Der Halbkreis wird klein, wenn der Draht mit der Zangenspitze gefasst wird. Je weiter hinten der Draht gehalten wird, desto größer der Durchmesser. Nach diesem Halbkreis mit den Fingern die Spirale weiter formen.

Drahtspiralen mit dem Rundholzstäbchen drehen

Für Drahtspiralen aus Aludraht mit Durchmesser 2 mm den Draht um ein Rundholzstäbchen oder Ähnliches wickeln. Dabei auf gleichmäßige Abstände der Windungen achten. Die Spirale abziehen und die Enden mit der Rundzange zu Ösen biegen.

Mit dem Twister feine Drahtspiralen drehen

Der Twister ist ein ca. 15 cm langer Stahldraht mit 1 mm, 2 mm oder 3 mm Durchmesser, der wie bei einem Korkenzieher in einem runden, 7 cm langen Griff steckt. Direkt neben der Stelle, wo der Stahldraht im Griff befestigt ist, ist ein kleines Loch. Durch dieses Loch den Anfang des dünnen Drahtes stecken. Mit Daumen und Zeigefinger der einen Hand den dünnen Draht mit leichtem Druck auf dem Stahldraht halten, während mit dem Zeigefinger der anderen Hand der Griff wie ein Propeller gedreht wird. Mit den Fingern der haltenden Hand dafür sorgen, dass die Drahtwindungen dicht beieinander sind. Die Drahtwindungen können aber auch noch nachträglich zusammengeschoben werden. Ist die Drahtspirale lang genug, wird sie entweder noch auf dem Stahldraht oder nach dem Abstreifen gedehnt.

Arrangement in Violett

→ als Väschen oder Windlicht

MOTIVHÖHE
ca. 36 cm

MATERIAL
- Aludraht in Lila, ø 2 mm
- Silberdraht, ø 0,3 mm
- 3 Acrylkegel in Fuchsia, 2,6 cm x 1,6 cm
- 5 Acrylscheiben in Fuchsia, 1,4 cm x 1,2 cm
- 6 Wachsperlen in Silber, ø 4 mm
- Rundholzstäbchen o. Ä., ø 5 mm
- Glas-Windlicht, ø 7 cm, 6,5 cm hoch

VORLAGENBOGEN 1A

1 Als Aufhängung aus einem 22 cm langen Draht eine S-förmige Doppelspirale formen.

2 Für die drei gedehnten Spiralen jeweils einen 14 cm langen Draht viermal um das Rundholzstäbchen wickeln, abziehen und dehnen. An den Enden mit der Rundzange jeweils eine Öse biegen.

3 Für den Bügel einen 26 cm langen Draht genau in der Mitte einmal um das Rundholzstäbchen schlingen. Die Enden zu Ösen biegen.

4 Für die Halterung einen von zwei 37 cm langen Drähten um das Windlicht legen, das kürzere Ende zweimal dicht um das lange Ende schlingen. Beim dritten Schlingen etwas Platz lassen, damit später eine der drei gedehnten Spiralen eingehängt werden kann. Das lange Drahtende zu einer großen Spirale biegen. Mit dem zweiten Draht ebenso verfahren. Das Windlicht so in die beiden Drahtteile stecken, dass sich eine Spirale auf der linken, die andere auf der rechten Seite befindet. Das Windlicht entfernen und die beiden Drahtringe der Halterung fest mit dem Silberdraht umwickeln.

5 An der S-förmigen Doppelspirale eine gedehnte Spirale und daran den Bügel einhängen. An den Bügelenden jeweils eine gedehnte Spirale einhängen. Daran die Halterung befestigen. Auf einen 10 cm langen Silberdraht einen Acrylkegel und eine Acrylscheibe fädeln und am Bügel andrahten. Achtung: Wenn in das Gefäß ein Teelicht gestellt werden soll, die beiden Acrylteile weglassen, denn sie können durch die Hitze der Flamme schmelzen. Auf zwei weitere 10 cm lange Silberdrähte jeweils einen Acrylkegel, eine Wachsperle, eine Acrylscheibe, eine Wachsperle, eine weitere Acrylscheibe und eine Wachsperle auffädeln und an den Spiralen der Halterung einhängen.

Vasenhänger & Herz

→ schön verziert

MOTIVHÖHE
Vasenhänger ca. 36 cm
Herz ca. 10 cm

MATERIAL VASENHÄNGER

- Aludraht in Schwarz, ø 2 mm
- Lackdraht in Schwarz, ø 0,5 mm, 5 x 8 cm und 2 x 5 cm lang
- Reagenzglas, ø 3 cm, 15 cm lang
- je 2 Acryl-Rundschliff-Perlen in Fuchsia, ø 1,6 cm und 2,5 cm
- 4 Acryltropfen in Fuchsia, 4 cm x 1 cm
- Acrylkegel in Fuchsia, 2,6 cm x 2,1 cm
- 11 Glasschliffperlen in Violett, ø 6 mm
- Rundholzstäbchen o. Ä., ø 8 mm

HERZ

- geglühter Stieldraht, ø 0,8 mm, 40 cm lang
- Lackdraht in Schwarz, ø 0,5 mm, 8 cm (Herzanhänger) und 50 cm lang (Aufhängung)
- Acrylherz in Rot, 2,3 cm x 2,3 cm
- je 2 Acryl-Schliffperlen in Rot, ø 8 mm und 1 cm
- 3 Acryl-Rundschliffperlen in Rot, ø 1,6 cm
- 35 Plastikperlen in Rot, ø 8 mm

VORLAGENBOGEN 2A

Vasenhänger

1 Für den Aufhängebügel ein 18 cm langes Drahtstück in der Mitte einmal um das Holzstäbchen schlingen, dann einen Bogen formen und die Enden jeweils zu einer Öse biegen. Ein Ende von zwei 11 cm langen Drähten jeweils zu einer Öse biegen, eine große Perle auffädeln und wieder eine Öse biegen. Diese Öse an einer Öse des Aufhängebügels einhängen.

2 Ein 22 cm langes Drahtstück in der Mitte einmal um das Holzstäbchen schlingen. Die beiden Drahtenden durch die Ösen vom Aufhängebügel und den beiden 11 cm langen Drahtstücken stecken und dann jeweils zu einer flachen Spirale biegen.

3 Drei 17 cm lange Drähte jeweils viermal um das Holzstäbchen schlingen und die Enden zu Ösen biegen. Eine dieser gedehnten Spiralen als Aufhängung oben am Aufhängebügel einhängen. Die beiden anderen Spiralen unten an den Ösen der beiden 11 cm langen Drähte einhängen.

4 Für die Reagenzglashalterung einen 20 cm langen Draht einmal um das Reagenzglas legen und das kurze Drahtende eng um das lange schlingen. Das lange Drahtende rechtwinklig nach außen biegen und daraus eine flache Spirale formen. Dasselbe mit dem anderen 20 cm langen Draht wiederholen. Beide Teile so aufeinander legen, dass sich die Ringe direkt übereinander und die flachen Spiralen auf der linken bzw. rechten Seite befinden. Die beiden Ringe an den beiden mit einem Pfeil markierten Stellen mehrfach mit den beiden 5 cm langen Lackdrähten umwickeln. Das Reagenzglas einstecken und evtl. korrigieren. Die Reagenzglashalterung an den beiden gedehnten Spiralen einhängen.

5 Die Acryltropfen, den -kegel und die Glasschliffperlen wie abgebildet auf die 8 cm langen Drähte auffädeln und am Gehänge befestigen.

WEITERFÜHRUNG

Vasenhänger & Herz

Herz

1 An einem Ende des 40 cm langen Drahtes mit der Rundzange eine kleine Öse biegen, zehn Plastikperlen, eine Rundschliffperle, drei Plastikperlen, eine Acryl-Schliffperle (ø 8 mm), zwei Plastikperlen und eine Acryl-Schliffperle (ø 1 cm) auffädeln. Nun mit den bereits aufgefädelten Perlen die halbe Herzform biegen. Nach der letzten Perle den Draht zur Herzspitze biegen und gegengleich die Perlen für die andere Herzhälfte auffädeln. Abschließend wieder eine Öse biegen und sie an der ersten Öse einhängen. Den restlichen Draht abschneiden.

2 An einem Ende des kurzen Lackdrahts das Acrylherz einhängen, dann eine Plastikperle, eine Rundschliffperle und wieder eine Plastikperle auffädeln und das Ganze am Drahtherzen einhängen.

3 Den Aufhängedraht am Herzen befestigen, eine Plastikperle auffädeln und ca. 4 cm vom Drahtherzen entfernt den Draht nochmals durch die Perle ziehen, damit sie nicht verrutscht. Weitere Perlen ebenso auffädeln.

Prächtige Anhänger

→ mit edlen Glasperlen

MOTIVLÄNGE
ca. 11 cm, 13 cm und 14 cm

MATERIAL
- geglühter Blumendraht, ø 0,65 mm
- Karabiner, 4 cm und 4,5 cm lang
- Schlüsselring, ø 2 cm oder 2,5 cm
- Glasperlen in Blau, Grün, Kristall oder Braun-Orange, ø ca. 2 cm bis 2,5 cm
- runde Glas- oder Plastikperlen in Blau, Grün oder Braun-Orange, ø 8 mm
- Indianerperlen in Schwarz, ø 4 mm

1 Ein 15 cm langes Drahtstück am Karabiner andrahten und die Perlen in der gewünschten Reihenfolge auffädeln.

2 Das Drahtende nach dem Durchziehen um die letzte Perle legen und nochmals durch das Loch ziehen. Das Drahtende fest anziehen und direkt an der Perle abschneiden.

3 Am Karabiner einen Schlüsselring und evtl. noch einen zweiten Draht einhängen und Perlen auffädeln.

Leuchtende Sterne

→ stimmungsvolle Anhänger

MOTIVDURCHMESSER
ca. 7 cm, 10 cm und 12 cm

MATERIAL

- Aludraht in Schwarz, ø 1 mm, 37 cm (fünfzackiger Stern), 68 cm (sechszackiger Stern) und 2 x 40 cm lang (siebenzackiger Stern)
- Rocailles, transparent gelüstert, in Gelb und Orange, ø 2,6 mm
- Rocailles, transparent mit Silbereinzug, in Weinrot, ø 4 mm
- Holzstäbchen o. Ä., ø 3 mm

VORLAGENBOGEN 1A

1 Beim siebenzackigen Stern an einem Ende des Drahtes eine Öse biegen und Rocailles in beliebiger Anordnung auffädeln. Das Ganze auf die Vorlage legen und den Stern formen. Die Rocailles bedecken nur etwa drei Viertel der Sternform, d. h. der Draht bleibt stellenweise sichtbar.

2 Am Drahtende eine weitere Öse biegen und den Stern schließen, indem beide Ösen ineinander gehängt werden.

3 Auf den zweiten gleich langen Draht an einer Seite eine Rocaille auffädeln und das Ende zu einer Öse biegen. Nun weitere ca. 30 Rocailles auffädeln und eine Spirale formen. Die Spirale in den Stern legen und das gerade Drahtende von unten durch die beiden Ösen des Sterns stecken, beide Ösen umschlingen und den restlichen Draht als Aufhängung verwenden. Die Aufhängung über dem Holzstäbchen zu einer Spirale drehen.

4 Beim fünf- und sechzackigen Stern jeweils eine Rocaille auf ein Drahtende auffädeln, dann eine Spirale formen. Nun weitere Rocailles auffädeln und den Stern auf der Vorlage biegen. Nach Belieben ein zur Spirale gebogenes Drahtstück als Aufhängung andrahten.

Silberner Teelichthänger

→ mit Kristallherzen

MOTIVHÖHE
ca. 36 cm

MATERIAL

- Aludraht in Silber, ø 2 mm
- Silberdraht, ø 0,3 mm
- Teelichthalter in Silber mit Schnörkeln, 9,5 cm hoch (Fertigteil)
- 2 Acrylherzen in Transparent, 2,4 cm x 1,4 cm
- Acrylherz in Transparent, 3 cm x 3 cm
- 3 Acryl-Rundschliffperlen in Transparent, ø 1,6 cm
- 6 Glasschliffperlen-Doppelkegel in Transparent, ø 6 mm
- Glasschliffperlen-Doppelkegel in Transparent, ø 1 cm
- Rundholzstäbchen o. Ä., ø 8 mm

VORLAGENBOGEN 1B

1 Nach Belieben für die Aufhängung aus einem 8 cm langen Draht einen S-förmigen Haken biegen (siehe Vorlagenbogen).

2 Eine gedehnte Spirale aus einem 15 cm langen Draht formen. Dazu den Draht fünfmal um das Rundholzstäbchen schlingen, abstreifen, dehnen und an den Enden mit der Rundzange zwei Ösen biegen.

3 Die Enden eines 24 cm langen Drahtes jeweils zu einer Spirale formen. Diesen Bügel an der gedehnten Spirale einhängen.

4 Die Enden von zwei 8 cm langen Drähten zu Ösen biegen. Eine Öse am Bügel, die andere Öse an der Spirale des Teelichthalters einhängen.

5 Von zwei 6 cm langen Drähten ebenfalls die Enden zu Ösen biegen. Eine Öse am Teelichthalter einhängen, an der anderen Öse einen Doppelspiralbügel einhängen, der aus einem 32 cm langen Draht geformt wird.

6 Auf einen 10 cm langen Silberdraht ein kleines Herz, eine kleine Glasschliffperle, eine Acrylperle und zwei weitere Glasschliffperlen auffädeln und an einer Spirale des Teelichthalters fixieren. An der anderen Spirale denselben Anhänger aus Herz und Perlen anbringen. Für den Abschluss das große Herz, die große Glasschliffperle und die Acrylperle auf einen 10 cm langen Silberdraht auffädeln und unten am Doppelspiralbügel befestigen.

Anmutiger Vasenhänger

→ schön am Fenster

MOTIVHÖHE
ca. 36 cm

MATERIAL
- Aludraht in Silber, ø 2 mm
- Aludraht in Silber, ø 1 mm, 45 cm lang (Vase umwickeln)
- Silberdraht, ø 0,4 mm, 2 x 10 cm lang (Mittelteil umwickeln)
- Glasspitzvase, ø 3 cm, 15 cm lang
- 4 Plastikperlen in Lila, ø 1,8 cm
- 2 Plastikperlen in Lila, ø 1 cm
- Rundholzstäbchen o. Ä., ø 5 mm und 8 mm

VORLAGENBOGEN 1B

1 Auf einen 10 cm langen Draht eine große Perle auffädeln und ein Ende zu einem Haken, das andere zu einer Öse biegen.

2 Für das große Mittelteil ein 48 cm langes Drahtstück nach 16 cm einmal um das dickere Rundholzstäbchen schlingen, damit eine Öse entsteht. Das kurze Drahtende zu einer Spirale formen, aus dem langen Ende einen Kreis, ø 6 cm, biegen und mit einer Spirale abschließen. Zur Stabilisierung das Mittelteil an den beiden markierten Stellen mehrfach eng mit dem Silberdraht umwickeln.

3 Auf einen 12 cm langen Draht eine große Perle fädeln, ein Ende zu einer Öse biegen, das andere zu einer Spirale formen und in das große Mittelteil hängen.

4 Zwei 10 cm lange Drahtstücke jeweils viermal um das 5 mm starke Holzstäbchen schlingen, abstreifen, etwas dehnen und an den Enden jeweils eine Öse biegen. Die gedehnten Spiralen jeweils an den beiden Spiralen des Mittelteils einhängen.

5 Einen 26 cm langen Draht durch die beiden Löcher der Spitzvase stecken, jeweils eine große Perle auffädeln, dann die Enden im Bogen nach oben führen und jeweils zu einer Spirale formen.

6 Den 16 cm langen Draht in der Mitte um das 8 mm dicke Holzstäbchen schlingen, auf die Enden jeweils eine kleine Perle stecken und nach innen biegen. Dieses Teil an einem S-förmigen Haken ans Mittelteil hängen.

7 Den dünneren Draht am Drahtbügel an der Vase einhängen und die Spitzvase wie abgebildet nach unten zur Spitze hin umwickeln.

Elegante Teelichthalter

→ mit Schnörkeln

MOTIVHÖHE
ca. 10 cm und 15 cm

MATERIAL PRO TEELICHT

- Aludraht in Gold, ø 2 mm, 1 m bis 1,20 m lang
- Lackdraht in Rot, ø 0,5 mm
- Golddraht, ø 0,3 mm
- Teelicht-Gläser in Rot, ø 5 cm
- Rocailles, transparent mit Silbereinzug, in Rot und Gelb, ø 4 mm
- ggf. Acryl-Rundschliffperle in Rot, ø 1,6 cm
- ggf. Acryltropfen in Rot, 1,8 cm x 1 cm
- Sternanhänger in Gelb, ø 3 cm
- Twister für Schmuckdraht, ø 2 mm

Teelichthalter mit zwei großen Spiralen

1 Mit dem Twister den Lackdraht zu einer 3 cm langen Spirale drehen, die Spirale vom Twister abstreifen, leicht dehnen und auf den Aludraht stecken. Diesen Vorgang viermal wiederholen. Auf die beiden Enden des Aludrahtes jeweils eine ca. 10 cm lange Drahtspirale, die auf die doppelte Länge gedehnt wird, aufstecken.

2 Den mittleren Teil des Aludrahtes drei- oder viermal um das Teelichtglas schlingen und die fünf Drahtspiralen nach Wunsch verschieben. Nun die Aludrahtenden zu Spiralen formen. Auf 5 cm bis 8 cm lange Golddrahtstücke die Sterne, Rocailles, Perlen und Tropfen auffädeln und an den großen Spiralen fixieren.

Teelichthalter mit einer großen Spirale

Im Prinzip genauso arbeiten wie oben, nur den Draht etwas kürzer nehmen (ca. 90 cm lang) und mit insgesamt drei kurzen Spiralen bestücken.

Teelichthalter in Silber-Transparent

→ puristisch-schön

MOTIVHÖHE
ca. 36 cm

MATERIAL
- Aludraht in Silber, ø 2 mm
- Aludraht in Silber, ø 1 mm
- Teelichthalter in Silber mit Schnörkeln, 9,5 cm hoch (Fertigteil)
- 6 Acryl-Rundschliffperlen in Transparent, ø 1 cm
- 4 Acryl-Rundschliffperlen in Transparent, ø 1,4 cm
- 2 Acryl-Rundschliffperlen in Transparent, ø 1,8 cm
- Rundholzstäbchen o. Ä., ø 8 mm und 1 cm

VORLAGENBOGEN 1B

1 Für die Aufhängung aus einem 8 cm langen Draht einen S-förmigen Haken biegen. Für den folgenden Bügel den 22 cm langen Draht in der Mitte um das 8 mm starke Holzstäbchen schlingen und dann die Enden zu Spiralen formen.

2 Zwei 6 cm lange dünne Aludrähte mit Ösen an diesen Spiralen befestigen, dann jeweils eine kleine und eine mittlere Perle auffädeln und unten mit einer Öse abschließen. An diesen Ösen jeweils einen 20 cm langen Draht einhängen, der an einem Ende mit einer kleinen Spirale, am anderen Ende mit einer großen Spirale versehen ist. Unten an diesen Spiralen jeweils einen 4 cm langen dünnen Draht mit einer Öse einhängen, eine mittlere Perle auffädeln, eine weitere Öse fertigen und diese an der Spirale des Teelichthalters einhängen.

3 Auf zwei 6 cm lange dünne Drähte jeweils eine kleine und eine große Perle fädeln, die Enden zu Ösen biegen und ebenfalls an den Spiralen des Teelichthalters einhängen.

4 Die Mitte des 18 cm langen Drahtstücks um das 1 cm dicke Stäbchen schlingen, dann die Drahtenden überkreuzen und die Enden jeweils mit einer Öse versehen. An diesen beiden Ösen jeweils einen 3 cm langen dünnen Draht mit einer Öse einhängen, dann eine kleine Perle auffädeln und mit einer Öse unten am Teelichthalter einhängen.

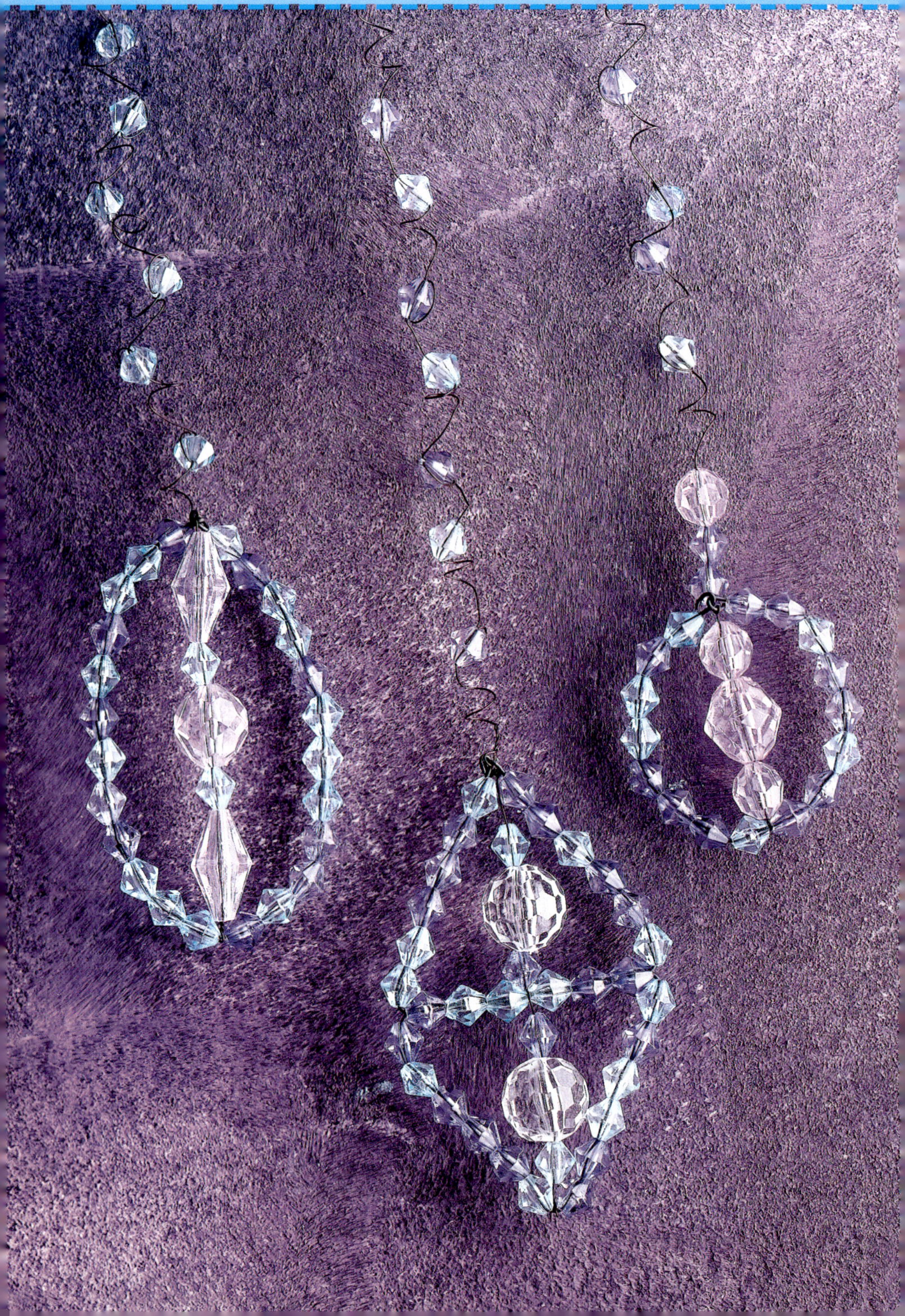

Glasschliffperlen-Anhänger

→ prächtig

MOTIVHÖHE
ca. 3,5 cm und 6 cm

MATERIAL PRO MOTIV

- geglühter Blumendraht, ø 0,65 mm (Motive)
- geglühter Blumendraht, ø 0,35 mm (Aufhängung und senkrechter Mitteldraht)
- Glasschliffperlen-Doppelkegel in Hellblau und Violett, ø 6 mm
- Facettenperlen-Doppelkegel in Lavendel, 1,6 cm x 1 cm
- runde Facettenperlen in Kristall und Lavendel, ø 8 mm und 1,2 cm

Oval

1 Einen 17 cm langen, dicken Draht an einem Ende mit einer Öse versehen und 24 Glasschliffperlen auffädeln. Mit einer Öse abschließen und beide Ösen ineinander einhängen.

2 Nach 12 Perlen einen ca. 30 cm langen, dünnen Draht andrahten, dann einen großen Doppelkegel, eine kleine Glasschliffperle, eine runde Facettenperle, eine Glasschliffperle und einen großen Doppelkegel auffädeln und am ovalen Rahmen andrahten.

3 Der restliche Draht dient als Aufhängedraht. Auf ihn eine Glasschliffperle fädeln und den Draht nochmals durch die Perle ziehen, damit sie nicht verrutscht. Weitere Perlen in unregelmäßigen Abständen anbringen. Die Drahtabschnitte dazwischen über einen Stift o. Ä. zu Spiralen winden.

Raute

1 Für die Raute einen 26 cm langen, dicken Blumendraht genau in der Mitte knicken und auf jedes Drahtende sechs Glasschliffperlen auffädeln. Direkt nach diesen sechs Perlen das linke Drahtende scharf nach rechts umbiegen und abermals sechs Perlen auffädeln. Das linke Drahtende scharf nach links biegen und durch dieselben sechs Perlen ziehen. Die beiden Drahtenden schräg nach oben biegen und erneut jeweils sechs Perlen auffädeln. Die Drahtenden jeweils zu einer Öse biegen und ineinander einhängen.

2 Einen dünnen Draht, ca. 30 cm lang, unten an der Rautenspitze andrahten, eine Glasschliffperle, eine runde Facettenperle, ø 1,2 cm, und eine weitere Glasschliffperle auffädeln, den Draht um den waagrechten Mittelsteg schlingen, nochmals dieselben Perlen auffädeln und den Draht durch die beiden Ösen oben an der Rautenspitze ziehen, evtl. nochmals durchschlingen. Den Aufhängedraht wie beim Oval beschrieben fertigen.

Schmucke Ornamente

→ für Tisch oder Wand

1 Die Einzelelemente in der benötigten Anzahl nach Vorlage zurechtbiegen und dann mit dem Lackdraht sehr fest sechs- oder siebenmal umschlingen; dazu den Lackdraht direkt von der Spule straff um die Motivteile schlingen.

2 Die fertigen Ornamente entweder als Unterlage für farbige Teelicht-Gläser verwenden oder am Fenster, an der Wand oder einem Zweig aufhängen.

Tipp: Alternativ können Sie die Ornamente zum Beispiel für Weihnachten in Gold oder Silber nacharbeiten.

WEITERFÜHRUNG

Glasschliffperlen-Anhänger

Ring

1 Einen 12 cm langen, dicken Draht an einem Ende mit einer Öse versehen und 16 Glasschliffperlen auffädeln. Mit einer Öse abschließen und beide Ösen ineinander einhängen.

2 Einen ca. 30 cm langen, dünnen Draht andrahten, dann drei runde Facettenperlen im Wechsel auffädeln und am runden Rahmen andrahten. Den Aufhängedraht wie beim Oval beschrieben fertigen.

MOTIVDURCHMESSER
ca. 9 cm und 10 cm

MATERIAL
- Aludraht in Schwarz, ø 2 mm
- Lackdraht in Schwarz, ø 0,5 mm

VORLAGENBOGEN 2A

Memo-Halter

→ auch als Tischkarten schön

MOTIVHÖHE
ca. 10 cm

MATERIAL MEMO-HALTER FÜR DEN TISCH

- Aludraht in Silber, ø 2 mm, 62 cm lang
- Lackdraht in Blau, ø 0,5 mm
- 2 Krokodilklammern
- 3 Glasperlen bzw. -oliven in Blau, ø 2 cm bzw. 2 cm x 2,5 cm
- 12 Rocailles mit Silbereinzug in Hellblau, ø 4 mm
- Twister, ø 2 mm

MEMO-HALTER ZUM AUFHÄNGEN

- Aludraht in Blau, ø 2 mm, 38 cm lang
- Silberdraht, ø 0,4 mm oder 0,5 mm
- Krokodilklammer
- Glasolive in Blau, 2 cm x 2,5 cm
- 4 Plastik-Facettenperlen in Silber, ø 8 mm
- Twister, ø 2 mm

VORLAGENBOGEN 2B

Memo-Halter für den Tisch

1 Den Aludraht nach 21 cm rechtwinklig knicken und zwei Glasperlen auffädeln. Mit dem Twister den Lackdraht zu einer 5 cm langen Spirale drehen, die Spirale vom Twister abstreifen, auf 8 cm dehnen und auf den Aludraht stecken. Nun die Krokodilklammer aufstecken und mit einer Flachzange festdrücken. Den verbleibenden Drahtrest zu einer Spirale formen.

2 Als Stellfläche unterhalb des Knicks aus dem Draht eine Spirale, ø ca. 6 cm, formen. Mit dem Twister acht 1,5 cm lange Spiralen wickeln, die auf die Länge von 2 cm gedehnt und auf die spiralförmige Stellfläche aufgesteckt und verteilt werden.

3 21 cm vom Ende entfernt den Draht rechtwinklig nach oben biegen und eine Glasperle auffädeln. Eine weitere kurze Drahtspirale aufstecken, die zweite Krokodilklammer anbringen und das Ende zu einer Spirale formen.

4 Auf zwei 5 cm lange Lackdrähte jeweils 6 Rocailles fädeln und als Ringe über den Glasperlen um den Aludraht legen.

Memo-Halter zum Aufhängen

1 Den Draht nach Vorlage zu einem flachen S biegen. Auf den Draht die Krokodilklammer so auffädeln, dass das „Maul" Richtung kurzes Drahtende zeigt und mit der Flachzange fixieren. Von der Fixierung bis zum Drahtende sind es 8 cm. Diese 8 cm Draht zu einer Spirale formen.

2 Auf das lange Drahtende wie abgebildet die Perlen und Drahtspiralen auffädeln und es zur Spirale biegen.

Salat der Saison
Variation von Meeresfrüchten
Orangenparfait
LENA
LiSA

MOTIVHÖHE

Klangspiel in Silber und Rot
ca. 33 cm
Klangspiel in Blau und Silber
ca. 28 cm

MATERIAL KLANGSPIEL IN SILBER UND ROT

- Aludraht in Silber, ø 2 mm
- 3 Klangstäbe in Silber, ø 5 mm, 10 cm lang
- Faden in Weiß, 3 x 40 cm lang
- 9 Wachsperlen in Weinrot, ø 8 mm
- 18 Rocailles mit Silbereinzug in Rot, ø 2,6 mm
- Rundholzstäbchen, ø 8 mm oder 1 cm

KLANGSPIEL IN BLAU UND SILBER

- Aludraht in Blau, ø 2 mm
- Silberdraht, ø 0,4 mm oder 0,5 mm (Spiralen)
- Silberdraht, ø 0,3 mm, oder Silberfaden (Klangstäbe aufhängen)
- 3 Klangstäbe in Silber, ø 5 mm, 8 cm, 9 cm und 10 cm lang
- Glasperle in Blau, ø 2 cm
- je 3 Acryl-Rundschliffperlen in Transparent, ø 1,2 cm und 1,6 cm
- 9 Plastikperlen in Blau, ø 6 mm
- Twister, ø 2 mm
- Rundholzstäbchen, ø 5 mm und 8 mm

VORLAGENBOGEN 2B

Romantische Klangspiele

→ zauberhaft

Klangspiel in Silber und Rot

1 Als Aufhängebügel ein 30 cm langes Aludrahtstück in der Mitte um das Rundholzstäbchen schlingen. Die Enden zu Spiralen formen. Für die Aufhängung noch ein 5 cm und ein 26 cm langes Aludrahtstück zurechtbiegen (siehe Vorlagenbogen) und wie abgebildet am Aufhängebügel befestigen.

2 Jeweils einen Faden halb durch einen Klangstab ziehen. Auf beide Fadenenden wie abgebildet Rocailles und Wachsperlen in Dreiergruppen auffädeln. Damit die Perlen nicht verrutschen, unter die unterste Perle jeder Dreiergruppe einen Knoten machen. Der Abstand zwischen den Dreiergruppen beträgt 1,5 cm. Die Fäden am Bügel anknoten und kürzen.

Klangspiel in Blau und Silber

1 Für den Aufhängebügel ein 24 cm langes Aludrahtstück in der Mitte einmal um das Rundholzstäbchen, ø 8 mm, schlingen, damit eine Aufhängeöse entsteht. Mit dem Twister zwei 2,5 cm lange Spiralen aus Silberdraht wickeln, diese leicht dehnen und auf die Enden des Aufhängebügels stecken. Die Enden jeweils zu einer Spirale formen.

2 Ein 11 cm langes Drahtstück dreimal um das dünne Rundholzstäbchen schlingen, abstreifen und dehnen. Eine 3 cm lange Spirale aus Silberdraht dehnen, auf die Aludrahtspirale stecken und die Enden zu Ösen biegen. Auf ein 7 cm langes Aludrahtstück die Glasperle und eine 1 cm lange Spirale aus Silberdraht auffädeln und die Enden zu Ösen biegen. Am Bügel einhängen. Aus 5 cm Aludraht einen Haken biegen und oben einhängen.

WEITERFÜHRUNG

Romantische Klangspiele

3 Durch die Klangstäbe jeweils einen 20 cm langen Silberfaden oder Silberdraht, ø 0,3 mm, halb durchziehen, im Wechsel blaue Plastikperlen und transparente Acryl-Rundschliffperlen aufziehen und am Aufhängebügel und dem Mittelstück befestigen.

Vasenhänger

→ in Blau

MOTIVHÖHE
ca. 45 cm

MATERIAL

- geglühter Stieldraht, ø 1,2 mm
- Glasspitzvase, ø 4 cm, 20 cm lang
- 5 Glasoliven in Blau, 2 cm lang bzw. 2,5 cm x 1,5 cm
- Glasperle in Blau, ø 2 cm
- 14 Plastikperlen in Blau, ø 8 mm
- 29 Indianerperlen in Blau, ø 4,5 mm

VORLAGENBOGEN 2B

1 Für die Aufhängung ein Ende eines 26,5 cm langen Drahtes zu einer großen Spirale biegen, dann die Perlen wie abgebildet auffädeln und mit einer kleinen Spirale abschließen.

2 Von zwei 12,5 cm langen Drähten jeweils ein Ende zu einer Öse biegen, dann die Perlen auffädeln und mit einer zweiten Öse abschließen. Die oberen Ösen dieser beiden Drähte an der kleinen Spirale von Punkt 1 einhängen.

3 Ein 15 cm langes Drahtstück als Bügel durch die beiden Löcher der Vase stecken und die Enden zu Spiralen formen. Daran die beiden zuvor beschriebenen, 12,5 cm langen Drähte einhängen.

4 Seitlich jeweils noch eine Spirale aus einem 15 cm langen Draht einhängen. Zwei 8,5 cm lange Drähte jeweils an einem Ende zu einer Öse biegen, dann wie abgebildet die Perlen auffädeln, mit einer Öse abschließen und an den Spiralen anhängen.

Glänzende Herzen

→ im Dreivierteltakt

MOTIVHÖHE
ca. 5 cm bis 11 cm

MATERIAL PRO HERZ MIT HERZ-ANHÄNGER

- geglühter Blumendraht, ø 0,65 mm, 20 cm oder 22 cm lang (Herzen)
- geglühter Blumendraht, ø 0,35 mm (Aufhängung)
- Acrylherz in Rot, 2,4 cm x 1,4 cm
- Glasschliffperlen in Rot, ø 6 mm
- Rocailles mit Silbereinzug in Rot, ø 4 mm
- evtl. Pailletten in Rot, ø 6 mm
- Wachsoliven in Rot, 6 mm x 3 mm

HERZ MIT SPIRALEN

- nylonummantelter Edelstahldraht in Schwarz, ø 1 mm, 42 cm lang (Herz)
- Lackdraht in Schwarz, ø 0,5 mm (Herz zusammenfassen und Aufhängung)
- Glasschliffperlen-Doppelkegel in Violett, ø 6 mm
- Rocailles mit Silbereinzug in Rot, ø 4 mm

VORLAGENBOGEN 2B

Herzen mit Herz-Anhänger

1 An einem Ende des stärkeren Drahtes mit der Rundzange eine kleine Öse biegen, Perlen, Oliven und ggf. Pailletten in unregelmäßiger Anordnung bis zur Drahtmitte auffädeln. Die halbe Herzform biegen, an der Herzspitze den Draht knicken, weitere Perlen etc. auffädeln und als Abschluss eine kleine Öse biegen, die in die andere Öse eingehängt wird.

2 An einem 5 cm langen dünnen Draht das Acrylherz und evtl. ein bis zwei weitere Perlen befestigen und in das große Herz hängen. Nun den dünnen Aufhängedraht an den Ösen anbringen und verschiedene Perlen auffädeln. Damit sie nicht verrutschen, jeweils den Draht zweimal durchziehen. Nach Belieben den Draht über einen Stift zur Spirale winden.

Herz mit Spiralen

1 An einem Drahtende eine Rocaille auffädeln und dann eine Spirale formen. Drei weitere Rocailles auffädeln und auf der Spirale verteilen. Nun die rechte Herzhälfte biegen und Glasschliffperlen und Rocailles in unregelmäßiger Anordnung auffädeln. Dann die linke Hälfte biegen und Glasschliffperlen und Rocailles auffädeln. Die Perlen zusammenschieben, beide Drahtenden mit 5 cm Lackdraht als Herzspitze achtmal eng umwickeln und kürzen. Auf das zweite Edelstahldrahtende drei Rocailles auffädeln und eine kleine Spirale formen.

2 Den Aufhängedraht befestigen und bei jeder Rocaille den Draht zweimal durchziehen, damit sie nicht verrutscht. Nach Belieben den Draht über einen Stift zur Spirale winden.

Rote Sterne

→ ganz einfach

1 An einem Stieldrahtende eine kleine Öse biegen, zwei Perlen auffädeln und den Draht auf der Vorlage biegen: den Draht nach 2,5 cm leicht umbiegen, wieder zwei Perlen auffädeln, den Draht wieder biegen etc. Abschließend eine weitere Öse biegen.

2 Den Aufhängedraht an den beiden Sternösen andrahten und damit den Stern schließen. Eine Perle auffädeln und den Draht nochmals durch die Perle ziehen. In wechselnden Abständen weitere Perlen ebenso anbringen.

3 Ggf. ein 10 cm langes Blumendrahtstück an den beiden Ösen einhängen, Plastik- und Acrylperlen wie abgebildet auffädeln und auf der gegenüberliegenden Seite des Sterns andrahten.

MOTIVHÖHE
Stern ca. 8 cm

MATERIAL PRO STERN

- geglühter Stieldraht, ø 1,2 mm, 30 cm lang (Stern)
- geglühter Blumendraht, ø 0,65 mm (Aufhängung)
- Plastikperlen in Rot, ø 6 mm (Aufhängung) und 8 mm (Stern)
- evtl. Acrylperle in Rot, ø 1,6 cm

VORLAGENBOGEN 1A

DIESES BUCH ENTHÄLT 2 VORLAGENBOGEN

IMPRESSUM

FOTOS: frechverlag GmbH, 70499 Stuttgart; Fotostudio Ullrich & Co., Renningen
DRUCK: frechdruck GmbH, 70499 Stuttgart

Auflage: 5. 4. 3. 2. 1.
Jahr: 2010 2009 2008 2007 2006 [Letzte Zahlen maßgebend]

ISBN 10: 3-7724-3478-9
ISBN 13: 978-3-7724-3478-5
Best.-Nr. 3478